AF392522

Volver a sonreír

José Araya Contreras

EDIQUID

VOLVER A SONREÍR
© José Araya Contreras, 2020

Editado por: Corporación Ígneo, S.A.C.
para su sello editorial Ediquid

ISBN: 978-980-7641-91-3
Depósito legal: DC2020001205

www.grupoigneo.com
Correo electrónico: contacto@grupoigneo.com
Facebook: Grupo Ígneo | Twitter: @editorialigneo | Instagram: @grupoigneo

Los poemas son de:

©*El corazón no es duro*

Registro N° A- 266478

Primera edición 2018

Antofagasta, Chile

©*Palabras de un soñador*

Registro N° 255408

Segunda edición 2019

Antofagasta- Chile.

Contacto: +569 44628870

Correo: josearaya_34@hotmail.com | Joseelias.arayacontreras@gmail.com

Facebook: José Araya Contreras (El postrecito) | Instagram: @el_postrecito01

Escritor y poeta romántico

Diseño de portada: Oriana Vargas
Coordinación editorial: Dayana Villa

Colección: Nuevas voces

Desde las entrañas de la tierra viene aflorando con fuerza e ímpetu un poeta que cada día descubre el maravilloso paisaje de la vida. La pasión por sus letras nos envuelve con versos a su medida y de las más dulces tonalidades. José Araya Contreras es un nuevo propulsor de las letras chilenas, uno que se viene asomando con personalidad propia; sus escritos denotan esfuerzos por moldear en él toda la energía de sus percepciones del amor.

A través de la poesía quiere gritar sueños y superar desengaños; sus creencias, que vibran al compás del corazón, son sin dudas reflexiones muy profundas que sacuden su esencia. Su libro, *Volver a sonreír*, no es otra cosa que el diario vivir desde su exaltación hacia el mundo exterior.

El trayecto de estos poemas son las escaleras, los latidos de la vida diaria y la tímida muerte, que todavía nadie la descubre como para que nos la cuente, nos diga en qué consiste o cómo es. La fe y Dios están presentes en este libro, reconociendo que Él es el todopoderoso que sustenta el aliento vital y que también lo quita.

El amor y el desamor, la justicia y la injusticia, toda natura y todo espíritu, todo Dios con sus hallazgos y desencuentros de su particular forma de vivir también están en esta obra. Ciertamente, escribir es revivir el ayer y días más anteriores, y estos versos van marcando la existencia, el desahogo y los recuerdos. José Araya Contreras nos convida para que estos poemas constituyan un placer y una profunda reflexión, desde la descripción global hacia lo personal.

Encontraremos en este esforzado y sincero trabajo, no exento de dificultades, nuestras vivencias que se unen con las del autor desde lo más precario e íntimo, hasta el resplandor infinito del amor cristalino que hoy tanto nos hace falta. Al Amén del éxito que será coronado con el reconocimiento por su trabajo nacerán de sus palabras creadoras muchos libros, donde el tiempo irá descubriendo el gran valor de su desafío que es capaz de llamar la atención. Bienvenido José Araya Contreras a este difícil mundo de las letras.

Jorge Labra Fuentealba

VOLVER A SONREÍR

En la vida aprendí

que las cicatrices en el alma y corazón,

no son una huella marcada por el dolor,

tampoco una razón para seguir sufriendo.

Yo no sé en qué momento

la vida me dio una oportunidad,

no lo digo por maldad

sino que ahora ya me siento vivo,

tengo a mi amorcito preferido

y no tengo límites en el amor.

Yo la disfruto con fervor

hasta que el destino nos separe

aunque tenga que enfrentarme,

a aluviones, ríos o tempestades:

voy contigo de la mano

que viva nuestro amor

y hasta que nuestro Dios,

de por vida, nos separe.

MI CHICA SOLITARIA

Mi hermosa chica solitaria,

aquí yo te pido hacerte compañía,

contarnos sobre nuestras emociones

y de los tropiezos de la vida.

Decirte muchas cosas al oído.

Contarte de lo mucho que he sufrido.

Tiempos que para nosotros ya no volverán

porque desde hoy tomaremos otro camino

y juntos apaguemos esta ansiedad.

Yo te propongo mil amores

porque yo quiero ser feliz contigo

y enfrentarlos como amigos,

para darle un adiós a la tristeza

y hacer vivir nuestra felicidad.

VIDA

La vida para mí no es vida

si tú no estás aquí a mi lado.

Mi corazón late fuerte

cada vez que escucho tu voz

y mi cuerpo, desesperado, pide tu calor.

Por la noche yo te pienso

y miro las estrellas

ahí es cuando te imagino a mi lado;

termino contemplando tu hermoso retrato,

suspirando y diciéndome lo mucho que te amo.

MI SENTIR

Quiero sentir tus suaves caricias

en aquel hermoso atardecer

o en cada noche de luna.

Quiero sentir tu calor,

desnudos bajo la lluvia

o en cada latido de amor.

Quiero sentir tus labios

en cada roce de mi cuerpo,

en cada susurro a mis oídos.

Ser parte de ti en cada momento

entregados de alma y corazón,

sentirme deseado con tu solo mirar

y que apaguemos juntos esta llama,

dejándonos llevar

a través de la ansiedad.

ESTE SOY YO

Hoy recuerdo tu sonrisa

como el latido de mi corazón,

sintiendo aquí el gran calor

de tu cálida mirada.

Me dejas como si nada,

aferrado a la nostalgia,

esperando ser amado

para huir de este gran silencio.

Ese silencio que se acopla

como el viento

donde te siento susurrarme al oído,

siento un gran escalofrío

que me llena de temor,

sigue aún vacío este corazón

ante tanto desamor.

Ven y busca este corazón,

es mi único deseo,

quiero alejarme así contigo

a un mágico esplendor.

SUSPIRO

En todo momento que respiro

un suspiro es enviado para ti,

por lo maravillosa que eres

en mi diario vivir.

Tú eres quien llena mis espacios vacíos,

dándole luz a mi oscuridad.

Nunca quiero separarme de tu lado

porque no soportaría perderte,

eso, nunca, jamás.

DESEOS ANSIOSOS

Deseos de tenerte en mi cuerpo enardecido

acariciándote, con el alma llenita de calor,

deseos de cubrirte con mi amor

a tú mente despejada,

sentirme acelerado

aún sin tener una razón.

Meterme en tu boca

y hundirme en tu respiro,

tocarte con delirio

y llegar con mi ansiedad

de no saberme controlar

ante el fuego que me quema,

apagándome con tus besos

en la fría oscuridad.

AMARGURA

Sendero de la vida

que me llevas por tu rumbo

y me excitas en tu mundo

con tus mágicas bellezas,

no me quites la certeza

de seguir este camino

llévame contigo

al lugar más infinito

y dame de a poquito

las frescuras del desierto.

Allí es cuando merezco

de tu dulce compañía,

de esas suaves caricias

tanto de noche, como de día,

cuidando que la mía

no te haga indiferente,

de sentirte aquí latente,

mi preciosa y reina mía.

ABRÍGAME

Tú eres mi gran rayito de sol

que me acaricias desde el universo.

Siempre espero recibir tu calor.

También eres la causa de mis desvelos.

Jamás podría dejarte

porque sin ti no podría vivir;

tú eres mi otra parte:

        tú

me enseñaste a sonreír.

HIJO PERDIDO

Eres mi única razón de luchar,

la luz de la esperanza hizo su efecto

llenando el silencio

de una terrible soledad,

quiso apagarme el sufrimiento

de no poderte encontrar.

Son mis ojos que al mirar

tu encantadora sonrisa

hallan en la brisa

esta buscada y encantadora paz.

Dulce y tierno pedacito

De mi triste corazón,

este se me llena de emoción

se me infla el pecho con tu encanto;

qué no sé, desde cuando,

te quiero conmigo.

No me dejes con el frío

de esta inmensa ansiedad

y cúbreme con tu mirar,

cubre mis días triste, hijo mío.

VERSO DEL POSTRECITO

Soy aquí el postrecito,

quizás un ladrón de pensamientos,

pero a nadie le quita el aliento

de sus tristes suspirar.

Déjenme aquí hablar

de mi triste agonía

sufriendo, pero de alegría

de esos tristes tropezar.

DULCE AMADA

Dulce y tierna amada mía

eres la luz de mi diario vivir,

que tan solo por existir

ya me entregas alegría.

Estás dentro de mi corazón,

eres mi esperanza día a día.

Siento ser un árbol que florece

al sentir tu hermoso cariño.

Como un niño caigo entre tus brazos,

entregándome por completo.

Juntémonos en mi regazo.

AMÁNDOTE

Quiero que leas con mucha atención:

estas son mis palabras, sinceras desde el corazón.

Mis días sin ti son de mucha ansiedad;

tú, mi linda princesa, mi diosa del amor.

Aquí está feliz, este, mi tierno corazón,

por sentirse tan bien complacido.

Te lo pido: nunca lo dejes adolorido

porque no sentirás la tristeza en sus latidos.

Y, aun así, en tú inesperada ausencia,

si puedes, envíale tus tiernos suspiros

para que así no caiga en depresión.

Aliméntelo de puro amor

dale una esperanza a este lindo sentimiento,

piensa en él, en todo momento,

para vivir por siempre junto a ti

esta linda ilusión de amor.

¿CÓMO SER TUYO?

Déjame contemplarte con mis caricias

para lograr tocarte con ternura;

déjame saber apreciarte

como el sol desea a la luna.

La distancia no es un pedimento

para postularme a tu cariño

porque deseo tenerte muy cerquita,

donde se sientan nuestros roces,

y los dulces besitos en nuestras boquitas.

DÉJAME ALCANZARTE

Mirarte desde aquí, alzándome tu mirada.

Imaginarte en la cruzada

de muchos pensamientos,

decirte lo que siento

intentando ser tu historia

buscando ser la gloria

y él triunfo de tu ser.

Saberte merecer, añadiendo a tu vida

una mágica poesía, llenita de valor.

Que te infle el corazón ante tantos desniveles

y que se sienta aún más ardientes estas letras de pasión.

Déjame con tu sabor en una loca aventura

y píntale con locura a mi mundo de placer.

Déjate querer, con todos tus encantos

abriendo en cada paso

una simple solución:

en mi mente estás presente,

borrando al ausente

del silencio a la ilusión.

IMAGEN DE AMOR

Dentro la niebla aparece tu imagen

y siento tu voz.

Esa voz que me guía, hasta tu rica dulzura.

Siento tu piel,

donde me escondo entre tus brazos,

dejándome envolver por tus suaves caricias.

Esas caricias fieles,

que recibe mi deseoso cuerpo

donde tú te sumerges

y me haces vibrar de pasión.

Esa pasión, que nunca pensé sentir en mi vida.

Jamás pensé que sería feliz

junto a ti, mi dulce amor.

TURBIA NOCHE

Cielo oscuro de esta noche

con estrellas fatigadas,

con la luna ya cansada

de su cálida mirada.

Y a la brisa susurrándole

una tierna poesía

en cada melodía,

zigzagueándole a la vida.

Noche oscura y temerosa

dibujada con pinceles,

tapando el celeste color del universo,

dejando en silencio,

en el fondo de ese abismo,

mostrándole su distinto brillo

al más grande infinito.

Noche oscura que te alejas

para dar paso al nuevo día

y me llenas de alegría

con un bello amanecer.

Y es aquí que quiero ser

alma vida y poesía.

ENAMORADO DE MI AMOR

Eres la que ha cautivado mi corazón

con tu magia, tu entrega y tu pasión.

Has llenado mis espacios vacíos

y yo sin tener frío

me he cobijado de tu amor.

Si pudiera dibujar mi sentimiento

yo lo pintaría con la felicidad que siente mi corazón.

Dirás si tengo una razón de estar enamorado

porqué eres tú quién me la ha entregado.

Tú, mi buena compañera

mi única, mi dulce amor.

MI DEDICACIÓN

Si fuera esta mi gran canción

yo te la cantaría con mucho cariño.

Dirías que como un niño

yo ya supe quererte,

porque estoy entregado a ti

y haría todo por complacerte.

Feliz de ser el único dueño de tu vida

por eso hoy aquí te digo:

eres mi cosita preferida.

Quiero darte toda la felicidad del mundo

y yo no ser un triste vagabundo

en busca de mil amores.

Que, por ahí, a simple vista,

ya veré mejores,

pero acabaría sufriendo

unas tristes decepciones.

Mi vida contigo

está llena de bonitas ilusiones.

Quiero dormir siempre a tu lado

y así no sufrir

esas crueles decepciones.

VAGABUNDO

Yo no sé qué es lo que quieres

de este, un pobre vagabundo,

que se siente perdido en tu mundo

y muy enamorado de tus tiernos ojitos,

de tu hermosura y tu dulce boca.

Con tus cálidas miradas que me provocan,

con ese tu hermoso cuerpo, que me vuelve loco.

Cada minuto que pasa sin verte

el hambre por ti se me hace más fuerte,

solo espero que este día llegue pronto

para que yo pueda alimentarme de tu aliento

y saciar mi gran sed de amor por ti.

TE DESEO

Dulce amor que penetras mis pensamientos,

deseando escuchar tu aliento

de susurro en mi oído,

déjame cobijarte con mi abrigo

de un latido del corazón;

entreguémonos con pasión a este bonito

sentimiento

que a pesar que no estoy dentro

yo te siento muy cerquita,

recorriendo tu suave cuerpo

y besando tu dulce boquita.

ANTOFAGASTA MÍA

Tierra que me recibiste un bendito día, sin querer,

llenándome de placer por el trabajo y la vida bohemia.

Me hiciste crecer con alegrías para cumplir mis proyecciones,

formando corazones en el mundo de amor y fantasías.

Me envolviste en la emoción y también en desamor,

hiriéndome el corazón al no ser correspondido.

Hoy no te escribo con dolor, solo aquí, mirando mi pasado.

No me siento un fracasado porque tengo 2 legados.

De tantos tropiezos en la vida

yo también aquí he triunfado,

pude encontrar un bonito camino en la línea del amor.

Viviendo ahora muy feliz está mi corazón.

Aunque yo no sea un religioso,

ya me siento poderoso

al curar ese pasado.

AMADO MÍO

No me sueltes, amado mío
de este dulce despertar.
No me dejes de abrazar,
de mantenerte junto a mí.
Dame de tu lindo vivir
porque lo quiero yo beber,
tengo de ti mucha sed,
de tus cálidas caricias.
Dame tu sonrisa
para mi sufrido padecer.

ANSIEDAD POR TI

Si en una noche tormentosa

yo te busco por temor,

por favor, no me niegues el calor

de tus brazos afectuosos.

No me quites de tus ojos

ni un instante sin pensar,

dejándome acariciar

por tus manos temblorosas.

Llévame junto a tu boca

con un dulce suspirar.

Sostenme fuerte, al abrazar,

y no me sueltes ni un segundo.

Quiero estar en lo profundo

de tus besos alocados,

derretirme entre tus manos

bien ardientes de pasión.

Quiero que me estalle el corazón

esperando a la ansiedad

para que esta noche sea verdad

todo el tiempo aguardado.

Quiero sentirme amarrado,

sumergido entre tu lecho

acariciándote el pecho

con un solo resollar.

TE EXTRAÑO, MI AMOR

Porque cuando no estás presente

mis ansias son más intensas:

por verte, tenerte y hacerte mía.

Mis ansias son un vacío de soledad,

de imaginarte aquí presente

todo se me hace un vacío.

En silencio

siento tus besitos y no veo tus caricias,

siento ese susurro y estremeces más mis ganas,

esas ganas por estar poseído de tu amor.

Siento una alegría inmensa en mi corazón

y te lo digo yo,

soy un hombre feliz y soñador.

SERÉ TUYO

Como saber si soy tuyo,

si con tu silencio me alejas,

con tu ausencia me provocas

a vivir muy desanimado.

Ya no me ignores, vida mía,

si con tan solo su mirada

usted ya me cambia el triste día.

Quiero formar parte de tu ser

para no sentirme aquí solito.

Si tú me dieras un besito

ya renace mi existencia.

No te lo pido por clemencia

porque mi corazón está herido,

si escucharas los latidos

en mi triste padecer

porque deseo ser la sombra que te sigue

para así sentirme preferido.

Al caer la noche yo no vivo,

esperaré un nuevo día

para estar junto a ti y volver a renacer.

AMOR NUESTRO

El amor no es aquel que se demuestra

solo estando presente.

El amor es aquel que siempre está latente,

aún en la lejanía.

El amor no es quien lo dice, tan solo de palabras,

es aquel que en todo momento

es demostrado con sabiduría,

llenándote de gozo y de alegría.

Por eso cada día es muy especial,

teniéndote aquí, en mi corazón,

quiero que también tú me sientas presente.

Sentir tu aroma, tu roce, tu suave piel,

saber que seremos como una sola gota de agua fría

donde juntos nos embriaguemos

generando calidez, nuestro lindo y sincero amor.

ÚNICO SEDUCTOR

Soy un tierno poeta apasionado

que logro seducir con mis encantos,

muy atado a este inmenso corazón.

A todas las lleno de ilusión,

en especial a mis humildes servidoras

que por ahí se entregan todo,

repartiéndoles a su hombre preferido

estas simples poesías llenas de puro amor.

DESEOS SOLLOZOS

No quiero verte triste, envuelta en un sollozo,
quiero verte tan hermosa y saber que estás feliz.
Verte cada minuto sonreír
y amarrarte con mi abrazo
para sentir que despedazo mis caricias en tu cuerpo,
volcándome bien adentro con toda la pasión,
atarme a la ilusión de amanecer entre tus brazos,
ofrecerte por si acaso
necesitas mi atención.
Entregarte mi corazón sin medidas,
ni tiempos.
Decirte lo que siento sin pensar en nada más.
Besarte hasta gastar mis labios con los tuyos,
dando paso a ese murmullo que sale de tu boca,
bebiéndonos como en una copa
los sabores de la vida,
cerrando las heridas que nos deja la pasión,
buscando en un telón las nostalgias hacinadas.
Naciendo las palabras,
pintando de color nuestros sueños anhelados,
quitando el más helado pensamiento,
poniendo al sentimiento en manos sudorosas
y así con calurosos vocablos encantados
yo te dejo mi mirada, observando desde lejos.
El suspiro de un beso y una hermosa melodía
que busque día a día un encuentro de los dos
porque aquí mi corazón

te lo dejo, muy llenito de puro amor.

TU SABIDURÍA

Por este hermoso amor que hoy siento

quisiera volver a renacer

en una hermosa noche de luna.

Sorprenderte, en un tierno atardecer,

salir como arco iris bajo la lluvia,

ser como esa rica agua

que por tus dulces labios has de beber.

PLÁCIDO SUDOR

Te miro y me recorre un plácido sudor,

me envuelvo con pasión y el alma se me alborota.

Algo me enloquece y me brota

sin tener una razón.

Es el amor que te brindo, pensando en un futuro.

Yo lo espero y no lo dudo

qué tú me lo quieras dar.

Solo sé, que imaginar, frente a toda tu belleza

es ponerle con certeza un clic de realidad;

que en cada despertar, tú me abaniques con ternura

y me pintes la llanura con un mágico color,

pincelando a la ilusión de no borrar ante tu encanto

lo que diga o lo que hago.

Dibujándote despacito,

porque así, desde chiquito, me enseñaron a gozar.

Ante todo, sé cuidar a mi querido amorcito.

UNA FIGURA

No sé qué tienen tus lindos ojitos

y con tu figura ya me haces temblar.

Siento ganas de abrazar

con esta sensación de alegría

y en mi corazón, un fuerte palpitar.

Estoy ansioso y en tu alma quiero estar.

Ser tu príncipe, quiero llegarte a conquistar.

Llenarte de puro amor y encantos cada día,

llenarte de alegría, sin que lo puedas imaginar.

SOLO AL VERTE

Despertar una mañana

y verte, de repente, sonreír.

Es como elegir

entre el cielo y las estrellas,

dejar que la más bella

acaricie tu hermoso pensar.

Y no queriéndote separar

de ese mágico momento,

no pensando que estoy muerto

por mi sorprendido suspirar.

DESTELLO

Cuando el frío adormezca los latidos de tu corazón,

recítale una canción que entibie bien tu alma.

Busca siempre esa calma en una estrofa de pasión,

pero no le quites el color a la dulce melodía,

llénale con tu alegría y un poquito de tu amor.

Entregarse con el alma y con el cuerpo,

sacándole de adentro a la humilde sensación

de sentirse victorioso, aunque no seas el campeón.

Es a veces el dolor que te envuelve con la esperanza,

te devuelve la nostalgia en una triste poesía,

esperando día a día a que se termine lo peor

para así dar un grito de clamor

y aliviarse de las penas,

dando fin a una condena

de tanto desamor.

TU PRESENCIA

Mirando el horizonte, yo diviso tu sonrisa,

siento tus caricias en una tenue tempestad.

Viendo dibujar tu rostro en un suspiro,

manteniendo el equilibrio con tu cálido mirar.

Es difícil escapar de toda tu nostalgia

y mantenerse intacto contra toda adversidad.

Mirarte desde lejos y que eso me ayude a soñar-

Endúlzame con tu cantar, susúrrame al oído,

envuélveme contigo en una manta de ilusión;

pégame en el corazón una alegre sinfonía

donde recorra día a día su espléndido color.

UN DÍA MÁS

Un día más de mi vida que pasa,

un día más que no puede resistir,

al no percibir el sabor de tus labios

ni ver el color verde de tus ojitos.

Un día más que sin razón

mantengo aquí en el alma

buscando la dulce calma

con todo el frenesí.

Déjame sentirme así,

quieto en mi pensamiento,

no me saques el aliento

que no podría resistir.

Y no te vayas sin mí

de este mágico universo.

TE EXTRAÑO EN LEJANÍA

Te amo tanto y por eso te extraño, vida mía.

en esta mañana, de muy triste lejanía

estoy suspirando y sintiendo presente,

esos ricos besitos y tus mágicas caricias.

El sol brilla en el alba y me dice:

corre y vuela, allá está tu amor.

Tanta alegría de verte, se me parte el corazón.

No es un sueño

ni tampoco es una fantasía

es un lindo fruto, enviado por nuestro Dios.

Tú eres la linda mujer que entró a mi corazón

y hoy te hago hablar en esta linda poesía.

Que alegre está mi tierno corazón

al sentirte aquí latente

mi mujer hermosa y reina mía.

QUIERO TOCARTE

Sin tocar el cielo una estrella bajaré,

sin tocar tus labios

un besito te robaré.

En tu lecho dejaré todos mis instintos

y en mi pecho guardaré

tus recuerdos más bonitos.

Sin llegar al infinito

el principio escribiré,

de tu mano tomaré la pluma de color

y pintaré con emoción,

la historia de dos almas

buscándose en la calma de un destellado universo,

dejando que dos cuerpos se encuentren con pasión,

haciendo a la ilusión una dulce realidad,

dando paso a la verdad de un callado sentimiento

que escondido tanto tiempo anulaba la visión

de mirar a tu alrededor.

Haré una tierna fantasía

bien pintada de poesía

con sabor a corazón.

TU RETRATO

Busco mi futuro reflejado en tu interior,

busco sin razón una simple alternativa.

Te miro a ti, mi señor,

ofreciéndote la vida.

Dueño y amo de mis lindos días,

de este entristecido corazón.

Regálame tu compasión

y que sienta yo alegría,

sácame esta hipocresía

y que en mi alma no se esconda.

Úneme a la ronda de tu dulce melodía,

mírame con simpatía

y no me alejes de tus manos,

sostenme mientras tanto

que me aferro a tu pasión,

lléname con tu calor

y muéstrame si hay una salida.

En tus manos está mi vida

mi grande y único señor.

MIS AÑOS

Caminando este camino

hoy me encuentro aquí presente,

mirando mi semblante

sonrojarse por la brisa,

esa que acaricia

con firmeza a mi rostro enfurecido

que de tantos amanecidos

se endurece con los días.

Sollozando, a escondidas,

pide un poquito de calor,

escapando del temor

de una vida aventurada,

que no se siente refugiada

por su cálido esplendor.

Cubriendo al corazón

por la manta de pureza

y viviendo con certeza

una simple reflexión.

ERES TAN MÍA

Te quiero, quiero que seas mía para siempre.

Sin nada a que temer,

sin miedo a saber que un día me dejarás.

Que mi cuerpo se estremezca

con el delirio de tu piel,

que tus besos sabor a miel

se fundan en mi boca

con esa mirada loca que me llena de placer.

Así te quiero ver,

mía en lo más lindo y profundo,

clara en lo más turbio.

De una pena irresistible,

muy tierna ante tanto desenfreno.

Amanecer en una nube de color,

trepar en la ilusión y dar brincos de alegría,

dejándole a la vida este encanto y sensación.

PREDICCIÓN DE VIDA

Al tomar nuestro camino

primero debemos saber cómo cabalgar,

saber tomar buenas decisiones

para decidirnos a continuar.

Limpiar nuestra alma al exhalar,

cada vez que algo nos pueda tentar.

Sentirse muy bien iluminado

para no caer ni volver a fracasar,

separar bien nuestros límites

y ubicar lo importante.

Amor y felicidad

para que nuestro camino sea despejado

y no haya nada que después podamos lamentar.

ESTAR ENAMORADO

Estar enamorado de ti, mi amor, es,

cuando siento mariposas rondando mi guatita,

es gozar cada cosita sin importar una razón,

saborearte con amor, cada dulce besito.

Ver flores como en primavera,

escuchar el cantar de los pajaritos.

Estar enamorado de ti, mi amor,

es vivir en nuestro mundo de ilusión,

amanecer dormidos en nuestros brazos

y yo sumergido en tu perfume.

Estar enamorado de ti, mi amor,

es ver que nuestros días no tienen horas,

solo existen nuestras ansias de pasión,

ansias por entregarnos una caricia a cada instante,

sin importar que lo haya a nuestro alrededor.

Estar enamorado de ti, mi amor,

es sentir que estoy más vivo,

eres la bendición enviada por mi Dios.

Aprovechemos la vida que nos queda,

que felicidad de sentirme que soy tuyo

y de tenerte aquí en mi corazón.

MI NOCHE

Bendita noche que me abrasas

y me sonrojas, aquí en mi mente.

Tápame con tu presencia imaginada

para así explorarte eternamente.

No me dejes caer en un vacío

que mi cuerpo se estremece.

No quiero ahogarme en tu silencio

y la humedad que me adormece,

siempre esperaré tu regreso,

después del día en un latido.

Llegaste tú, mi noche,

y otra vez en ti caeré rendido.

INSPIRACIÓN DE POETA

El sentirse un gran poeta

es magia de inspiración,

abre las puertas de tu alma

sin dañar al lindo amor.

¡Oh, mi rosa sin espinas!

Aquí te entrego mi pasión,

con el sentir de mis palabras,

te entrego una poesía de puro amor.

Quiero conquistarte cada día,

entregarte mil suspiros,

hermosa reina de mis sueños.

Ábreme tu puerta que aquí estoy YO.

José Araya Contreras

Conocido como **El postrecito**, nombre artístico que ha tomado a lo largo de su vida.

Es el segundo hijo de 8 hermanos, de mayor a menor. 5 mujeres y 3 hombres forman parte de su familia. Nació en un pueblito llamado Ajial de Quiles, que pertenece a la Comuna de Punitaqui Región de Coquimbo, en Chile.

Estudió en la escuela básica rural, que se llama El Peral de Punitaqui. En ese momento debía caminar 1 hora de ida para llegar al colegio, desafiando cada estación del año. Caminaba entre cerros y quebradas, soportando los fuertes fríos de cada mañana. Durante el invierno crudo tuvo que caminar bajo las fuertes lluvias, soportar vientos, siempre entonando una canción ranchera, dándole felicidad a su andar.

Los padres de José Araya Contreras debían trabajar en su huerto, con sus esfuerzos y sacrificios. Ellos dependían de sí mismos para tener el pan de cada día en su mesa. Cuando faltaba el azúcar o la harina para el pan, los hijos corrían a conseguirla con la vecina más cercana, a media hora de camino.

A los 19 años, por decisión propia, decidió emigrar al norte de Chile, a la ciudad de Antofagasta, dejando a sus padres y hermanos. Decidió salir en busca de un futuro, del amor y así cumplir sus proyecciones de vida.

Al llegar al norte de Chile, a casa de una tía, sin conocer a nadie, supo enfrentar la realidad: encontró un buen trabajo en la minería sin tener un buen currículo. Tuvo que adaptarse a lo que le ofrecieron.

A los 35 años comenzó a escribir sus nostalgias, dejándolas plasmadas en papel. Tiene dos hijos varones, que en la actualidad no radican con él. Como buen padre, trabaja para darles el alimento y que ellos puedan cumplir con sus estudios. Sus hijos son una de las razones para vivir y escribir.

José Araya también tiene una Musa Inspiradora, la mujer que hoy reina en su corazón y que ha llenado todos sus espacios vacíos del más lindo amor.

De tantos caminos que he cruzado,

en ellos también he caído, he tropezado

y así también los he superado.

Puedo disfrutar del amor junto a mi Musa Inspiradora

y quiero dejar plasmadas estas sinceras palabras:

Nunca serás un victorioso, si te dejas vencer, antes de intentar.

Mientras el soñador tenga vida y salud,

los sueños se pueden cumplir.

José Araya Contreras

Antofagasta, Chile

ÚLTIMOS TÍTULOS PUBLICADOS

Gritos en el silencio de la esposa de un pastor (Olinka Córdoba)
Pisando serpientes (Ricardo Celis)
El lado oscuro de la sombra y otros ladridos (José Baroja)
La tierra que la vio nacer (Jacqueline Hernández Medina)
Dios, la esencia y la verdad (Liz Huerta)
Seúl: Diario de un amor (Melina Fuenmayor Gotera)
Alas en el corazón (Cristian Moreno)
Un desvío desde la soberbia (Héctor H. Carbajal)
Antes de morir (Laura R. Bruzzese)
Todo va a estar bien (Jean Samira)
La maternidad en tiempos de coronavirus (Raquel Caspi)
Cuentos para soñar y no querer despertar (Arlis Milán)
Historia del balonpesado como deporte autóctono colombiano (Perea hijo, Murillo, Perea padre)
De vuelta al fogón. Descubriendo el calor de hogar en pandemia (Eslania Carrión)
Hay un lugar en el mundo (Jesús Huarhua)
El brillo de la vida (César Medina)
Encuentros con alienígenas en los Andes (Roger Idelfonso Huanca)
El reciclador (Manuel Rijalba Palacios)

www.ingramcontent.com/pod-product-compliance
Lightning Source LLC
Chambersburg PA
CBHW060507160726
47992CB00003B/1374